BEI GRIN MACHT SICH WISSEN BEZAHLT

Bibliografische Information der Deutschen Nationalbibliothek:

Die Deutsche Bibliothek verzeichnet diese Publikation in der Deutschen National-
bibliografie; detaillierte bibliografische Daten sind im Internet über http://dnb.d-
nb.de/ abrufbar.

Impressum:

Copyright © 2011 GRIN Verlag, Open Publishing GmbH
Druck und Bindung: Books on Demand GmbH, Norderstedt Germany
ISBN: 9783656510796

Dieses Buch bei GRIN:

http://www.grin.com/de/e-book/262678/alle-an-einem-strang-whistleblowing-aus-
gesellschaftlicher-unternehmerischer

Dorothea Gruß

Alle an einem Strang? Whistleblowing aus gesellschaftlicher, unternehmerischer und individueller Perspektive.

GRIN Verlag

GRIN - Your knowledge has value

Der GRIN Verlag publiziert seit 1998 wissenschaftliche Arbeiten von Studenten, Hochschullehrern und anderen Akademikern als eBook und gedrucktes Buch. Die Verlagswebsite www.grin.com ist die ideale Plattform zur Veröffentlichung von Hausarbeiten, Abschlussarbeiten, wissenschaftlichen Aufsätzen, Dissertationen und Fachbüchern.

Besuchen Sie uns im Internet:

http://www.grin.com/

http://www.facebook.com/grincom

http://www.twitter.com/grin_com

Friedrich-Schiller-Universität Jena

Fakultät für Sozial- und Verhaltenswissenschaften

Institut für Kommunikationswissenschaft

Abteilung Kommunikationspsychologie

Seminar Öffentliche Kommunikation

Sommersemester 2011

Alle an einem Strang?

Betrachtung des Phänomens Whistleblowing aus gesellschaftlicher, unternehmerischer und individueller Perspektive.

Autorin:

Dorothea Gruß

8. September 2011

Inhaltsverzeichnis

Einleitung

Brisante Informationen enthüllen, selbstlosen Motiven folgen, Alarm schlagen, um auf Missstände in ihren Organisationen hinzuweisen, und dabei ihre (berufliche) Existenz aufs Spiel setzen[1]. Die drei folgenden Personen taten genau dies: Daniel Ellsberg gab 1971 die geheimen Pentagon-Papiere an die Presse weiter und informierte so die Öffentlichkeit über die wahren Beweggründe der US-Regierung zum Vietnamkrieg (vgl. Whistleblowers.dk 2005: 1). Per-Yngve Monsen, Siemens-Mitarbeiter in Norwegen, wurde 2003 entlassen, weil er intern auf einen Korruptionsskandal hingewiesen hatte: Sein Arbeitgeber hatte dem norwegischen Militär überhöhte Rechnungen ausgestellt und Beamte bestochen (vgl. Herrmann 2006: 21). Brigitte Heinisch machte 2004 die mangelhafte Betreuung in einem Berliner Altenpflegeheim öffentlich – auch sie verlor ihren Arbeitsplatz (vgl. Whistleblower Netzwerk e. V. 2008: 1f.). Kürzlich erklärte der Europäische Gerichtshof für Menschenrechte, dass diese Kündigung gegen das Recht auf Meinungsfreiheit verstößt (vgl. Whistleblower Netzwerk e. V. 2011b: 1). Ein später Trost für Brigitte Heinisch? Ein hoffnungsvolles Zeichen für all diejenigen, die angesichts illegalen oder unmoralischen Verhaltens in ihren Organisationen nicht einfach wie die drei Affen „nichts hören, nichts sehen, nichts sagen", sondern zivilcouragiert die Stimme erheben wollen?

Werfen wir einen Blick in die Geschichte, so finden sich zahlreiche weitere, „große" Beispiele für Zivilcourage, allen voran in der Politik: die deutsche Widerstandsbewegung im Dritten Reich, Gandhis friedlicher Weg zur indischen Unabhängigkeit, der 17. Juni 1953 in der DDR bis hin zu den aktuellen Protesten gegen die politischen Führungen in der arabischen Welt, in Chile oder in Indien. Nicht anders in der Wirtschaft: In den letzten Jahrzehnten kamen immer wieder Unternehmensskandale ans Licht, die für Diskussionen und schwindendes Vertrauen sorgten, scheint doch in der heutigen Gesellschaft eine verstärkte Suche nach alten und neuen Werten stattzufinden. Ferner kann eine „Exit-Strategie", also dem Arbeitgeber resigniert den Rücken zu kehren, in Zeiten angespannter

---

[1] Diese vier Kriterien sieht der internationale Whistleblowerpreis des deutschen Whistleblower Netzwerk e. V. vor, der alle zwei Jahre verliehen wird (vgl. Whistleblower Netzwerk e. V. 2011a: 1). Vgl. auch Kap. 3.3.

Jobmärkte für Mitarbeiter oft keine Alternative mehr sein. Nicht zuletzt dies mag sie dazu veranlassen, sich immer öfter zu Wort zu melden: Sie werden zu Whistleblowern.

Auf welchen verschiedenen gesellschaftlichen Betrachtungsebenen sich dieses Phänomen äußert und wie diese zusammenhängen, wird die im ersten Abschnitt formulierte Fragestellung skizzieren. Kapitel 2 stellt den theoretischen Hintergrund der Konzepte Zivilcourage und Whistleblowing vor und klärt weitere zentrale Begriffe. Eingeleitet durch ein selbstgewähltes Modell, beschäftigt sich der Hauptteil dieser Arbeit mit der kritischen Betrachtung der drei Wirkungsebenen von Whistleblowing: Kapitel 3.1 stellt die staatliche bzw. gesamtgesellschaftliche Perspektive vor, Abschnitt 3.2 widmet sich der Unternehmensperspektive. Dabei werden das Spannungsfeld Wirtschaftlichkeit und Unternehmensethik betrachtet und Möglichkeiten vorgestellt, wie Whistleblowing in Unternehmen institutionalisiert werden kann. Kapitel 3.3 beleuchtet schließlich die individuelle Ebene mit Eigenschaften und Handlungsmotiven von Hinweisgebern und den negativen Folgen, die sie zu befürchten haben. Abschnitt 4 verknüpft die individuelle mit der organisatorischen Ebene, indem Chancen für Unternehmen aufgezeigt werden. Die Arbeit schließt mit einem Fazit und wagt einen kritischen Ausblick auf mögliche künftige Entwicklungen und Erfordernisse.

1. Fragestellung

Nach Ansicht der Autorin äußert sich Whistleblowing auf unterschiedlichen gesellschaftlichen Ebenen, die zwangläufig miteinander verschränkt, wenn nicht gar interdependent sind. Da die Akteure jedoch nicht immer die gleichen Ziele verfolgen, beurteilen sie das Phänomen unterschiedlich. Aber nützt Whistleblowing auf lange Sicht nicht allen Beteiligten?

Dieser Frage versucht die vorliegende Arbeit nachzugehen, indem sie sich mit der Vereinbarkeit der drei Perspektiven beschäftigt. Welche Motive leiten einen Whistleblower, und warum werden ethische und ökonomische Interessen in Organisationen noch allzu oft als widersprüchlich angesehen? Welche übergeordneten, gesamtgesellschaftlichen Vorstellungen haben der Staat bzw. „die Öffentlichkeit"[2] über die Aufdeckung von Missständen in Organisationen, und was muss getan werden, um die Sensibilität für das Phänomen Whistleblowing und seine Akzeptanz im Interesse aller Beteiligten zu fördern?

Es sei an dieser Stelle darauf hingewiesen, dass eine erschöpfende Beschäftigung mit der Vielzahl von Aspekten zum Thema Whistleblowing im Rahmen dieser Arbeit nicht leistbar ist. Gleichwohl wird versucht, dem zwangsläufig breiten Spektrum, das die Arbeit angesichts der Drei-Ebenen-Betrachtung abdecken will, gebührend Raum zu geben. Stellenweise wird der Leser auf Literatur verwiesen, um einzelne Gesichtspunkte zu vertiefen.

2. Theoretische Grundlagen

Wenn auch inzwischen ein nicht geringer Umfang an wissenschaftlicher und nicht-wissenschaftlicher Literatur zu Whistleblowing sowie einige empirische Studien vorliegen, so stellen umfassende, interdisziplinäre Theorien oder Konzepte zum Zeitpunkt dieser Arbeit ein Desiderat dar. Ein Grund dafür mag die bislang zurückhaltende wissenschaftliche Beschäftigung mit dem Thema in Deutschland

---

[2] Auf eine nähere kommunikationswissenschaftliche Beschäftigung mit dem Begriff der Öffentlichkeit muss an dieser Stelle verzichtet werden. „Öffentlichkeit" wird in dieser Arbeit daher synonym mit dem Begriff der „Gesamtgesellschaft" und in engem Zusammenhang mit der Institution „Staat" verwendet.

sein[3]. Die meisten akademischen Arbeiten stammen aus den USA; es handelt sich meist um Zusammenstellungen von Fallstudien, empirische Studien, konzeptionelle Analysen von Whistleblowing als Prozess (vgl. dazu Kap. 2.1.3) sowie um (ländervergleichende) Untersuchungen zum juristischen Schutz von Whistleblowern (vgl. Donato 2009: 4; Schwarb 1998: 7).

Vermehrte Unternehmensskandale und die öffentliche Diskussion ihrer Ursachen und negativen Folgen könnten in Zukunft zu einer steigenden wissenschaftlichen Auseinandersetzung mit dem Phänomen Whistleblowing führen und die Resonanz in der Praxis, etwa hinsichtlich der Vereinbarkeit von unternehmensethischen mit wirtschaftlichen Prinzipien, fördern. So hat sich Donato (2009) mit dem Nutzen von Hinweisgebersystemen beschäftigt und gibt Handlungsempfehlungen für eine praktische Umsetzung in Unternehmen (vgl. ebd.: 138-218). An der rechtswissenschaftlichen Fakultät der Universität Bielefeld beschäftigt sich ein DFG-Forschungsprojekt mit dem Titel „Whistleblowing als Alternative bei der Bekämpfung von Wirtschaftskriminalität" unter kriminologischen Gesichtspunkten mit dem Thema. In einer qualitativen Analyse werden einerseits der präventive und repressive Charakter von Whistleblowing, andererseits individuelle Hintergründe, Motive und Entscheidungsprozesse betrachtet (vgl. Universität Bielefeld/Fakultät für Rechtswissenschaft 2011: 2).

Eine eingehende Beschäftigung mit politikwissenschaftlichen oder philosophischen Theorien und Konzepten zu staatsbürgerlicher Verantwortung in demokratischen Gesellschaften ist im Rahmen dieser Arbeit nicht möglich; die gesamtgesellschaftliche Ebene wird daher lediglich knapp beleuchtet.

2.1 Einführung in Konzepte und Begriffe

Dieser Abschnitt führt in den theoretischen Hintergrund der Phänomene Zivilcourage und Whistleblowing ein und stellt sie in einen Zusammenhang. Weiterhin

---

[3] Auf die Gründe dafür, die wohl teilweise wissenschaftshistorischer und kultureller Art sind (vgl. Schwarb 1998: 8), kann aus Gründen der Schwerpunktsetzung hier nicht näher eingegangen werden. Verwiesen sei auch an Rauhofer (2007), die ein mögliches Unbehagen gegenüber Whistleblowing in Deutschland in den deutschen Erfahrungen mit Denunziationen während des Dritten Reichs und der DDR begründet sieht.

werden die für die organisationale Perspektive zentralen Begriffe der Corporate Governance, Compliance und Risikokommunikation kurz vorgestellt.

2.1.1 Zivilcourage

Aus sozialwissenschaftlicher Sicht machen zivilgesellschaftliche Werte und individueller Mut zivilcouragiertes Handeln aus. Es geht über bloße Hilfeleistung insofern hinaus, als dass sich der zivilcouragiert Handelnde „trotz persönlicher Risiken aktiv für die Durchsetzung humanitärer und demokratischer Werte" (Jonas/Boos/Brandstätter 2007: 11, zit. n. Nunner-Winkler 2007: 29) einsetzt. Hierbei ist es zumeist notwendig, soziale Normen zu brechen, um sie im Kontext eben jener übergeordneten Werte zu verteidigen (vgl. Trainernetzwerk Zivilcourage e. V. 2008: 1). Besonders evident wird dies aus einer Minderheitenposition heraus, die es erfordert, gegen den Strom zu schwimmen (vgl. Moscovici/Lage 1976: 159, 162 und 172, zit. n. Jonas/Boos/Brandstätter 2007: 11).

2.1.2 Whistleblowing

Abgeleitet aus dem Englischen von "to blow the whistle on", steht Whistleblowing umgangssprachlich für „jemanden verpfeifen" oder „etwas stoppen" (vgl. Collins 1991: 1750, zit. n. Schwarb 1998: 1), ähnlich der Funktion, die die Trillerpfeife eines Schiedsrichters in verschiedenen Mannschaftssportarten hat. Whistleblowing ist definiert als:

> das Offenlegen von illegalen, unmoralischen oder unrechtmässigen [sic][4] Praktiken, die innerhalb der Kontrollmöglichkeiten des Arbeitgebers liegen. Offengelegt werden diese Praktiken von Organisationsmitgliedern oder ehemaligen Organisationsmitgliedern gegenüber Personen oder Organisationen, die diese Praktiken möglicherweise beeinflussen können (Near/Dworkin/Miceli 1993: 394, übers. v. Schwarb 1998: 2).

Weitere Definitionsversuche betonen zudem ein öffentliches Interesse an dem zu offenbarenden Missstand sowie die Wahrscheinlichkeit negativer Reaktionen seitens der Umwelt (vgl. Whistleblower Netzwerk e. V. 2011c: 1).

Bei letzterem Aspekt wird bereits der starke Bezug auf Zivilcourage deutlich: Ein Whistleblower, im Deutschen auch Hinweisgeber genannt, bricht meist mit ge-

---

[4] Im Schweizerdeutsch wird kein „ß" verwendet.

wissen Normen seiner Organisation, mitunter verstößt er sogar rechtlich gegen in seinem Arbeitsvertrag festgelegte Verschwiegenheitspflichten. Bedroht durch Repressalien wie Degradierung, Mobbing und soziale Isolation mit entsprechenden psychischen Folgen bis hin zur Bedrohung der materiellen oder gar physischen Existenz durch Kündigung oder gerichtliche Klagen (vgl. Zapf 2007: 74), nimmt der Whistleblower hohe persönliche Risiken in Kauf, um auf einen Missstand oder Gesetzesbruch in seiner Organisation hinzuweisen. Diese Entscheidung dient der Verteidigung persönlicher wie gesellschaftlicher Werte.

Zur näheren Charakterisierung von Whistleblowing sind verschiedene Unterscheidungsmerkmale heranzuziehen: Man differenziert einerseits nach internen und externen Adressaten: Interne Hinweise bleiben im Unternehmen, umgehen jedoch den vorgeschriebenen Dienstweg. Bei externem Whistleblowing wendet sich der Hinweisgeber an Institutionen außerhalb seiner Organisation (vgl. Clausen 2009: 116), in der Regel nachdem er intern kein (angemessenes) Gehör gefunden hat. Weiterhin unterscheidet man drei Formen der Bekanntheit des Hinweisgebers gegenüber seinem Empfänger: Er kann anonym bleiben oder sich offen als Absender seines Hinweises bekennen. Im Falle von vertraulichem Whistleblowing steht zwischen dem Absender und dem Adressaten ein Mittler, dem die Identität des Whistleblowers bekannt ist (vgl. Whistleblower Netzwerk e. V. 2011d: 1). Im Zusammenhang mit Zivilcourage ist der Begriff Whistleblowing zumeist sehr positiv besetzt; Hinweisgeber gelten nach diesem Verständnis als „moralische Helden" (Clausen 2009: 116). Nicht selten werden sie aber auch als Denunzianten und illoyale „Nestbeschmutzer" (ebd.: 117) beschimpft, was dem Begriff eine deutlich negative Konnotation verleiht. Ferner sei hier noch das Phänomen „Täter ohne Opfer" erwähnt: Anders als in typischen Situationen, die Zivilcourage erfordern[5], liegt bei Whistleblowing meist keine direkte Schädigung einer konkreten Person vor (vgl. Rohde-Liebenau 2004: 26). Dieser eher abstrakte Charakter kann eine mögliche negative Sicht auf das Phänomen verstärken.

---

[5] Beispielhaft sei hier das Einschreiten in eine potenzielle Gefahrensituation genannt, wie etwa eine Auseinandersetzung zweier Personen auf der Straße, eine Belästigung einer Person durch eine andere in der U-Bahn oder ein lautstarker Nachbarschaftsstreit.

2.1.3 Zusammenhang von Whistleblowing und Zivilcourage

Betrachtet man den Zusammenhang von Zivilcourage und Whistleblowing näher, so ist im jeweiligen Entscheidungsprozess eine weitere Parallele zu erkennen. Nach dem sozialpsychologischen Prozessmodell der Hilfeleistung von Latané/Darley (1970) und Schwartz/Howard (1981) (zit. n. Brandstätter 2010: 48; Trainernetzwerk Zivilcourage e. V. 2008: 1) müssen für zivilcouragiertes Handeln vier Hürden genommen werden: Wahrnehmung der Situation (1) und Bewertung als Notfall (2), Entwicklung eines persönlichen Verantwortungsgefühls (3) und Aktivierung von Handlungswissen (4). Dabei müssen psychologische Hemmnisse wie etwa sogenannte Bystander-Effekte überwunden werden[6]. Erst auf Stufe (5) erfolgt das eigentliche Eingreifen in eine Situation. Ähnlich gestaltet sich der Entscheidungsprozess des Whistleblowing nach Miceli/Near/Schwenk (1991: 115, zit. n. Zapf 2007: 73): Der Missstand, also ein falsches oder kritikwürdiges Verhalten in einer Organisation, muss erkannt (1) und als nicht tolerabel eingeschätzt werden (2). Der Hinweisgeber muss ein Verantwortungsgefühl dafür entwickeln, dass es an ihm ist, die Initiative zu ergreifen, auch wenn er sich in einer Minderheitenposition befindet (3) – vgl. Kap. 2.1.1. Schließlich erwägt er Handlungsmöglichkeiten, die angemessen sein und Kosten-Nutzen-Betrachtungen standhalten sollten (4). Im Anhang findet sich eine grafische Darstellung der Parallelen im Handlungs- bzw. Entscheidungsprozess von Zivilcourage und Whistleblowing.

Nach dem EVLN-Modell, das sich allgemein auf Unzufriedenheit in einer Organisation bezieht, unterscheiden Hirschman (1970: 4 und 77) und Rusbult et al. (1988, zit. n. Withey/Cooper 1989: 522) vier Reaktionsmöglichkeiten: Exit (Verlassen der Organisation), Voice (Erheben der Stimme, um eine Veränderung herbeizuführen; hierunter fällt Whistleblowing), Loyalty (Gefolgschaft, Abwarten) oder Neglect (Ignorieren, Gleichgültigkeit gegenüber den Geschehnissen).

---

[6] Bystander-Effekt: Je mehr Zeugen einen Übergriff beobachten, desto weniger Menschen schreiten ein. Ursachen: Verantwortungsdiffusion: Verantwortungsgefühl verteilt sich auf alle Zeugen einer Situation. Pluralistische Ignoranz: Zuschauer wertet passives Verhalten der anderen Zeugen als Zeichen dafür, dass die Situation kein Eingreifen erfordert (vgl. Latané/Darley 1970, zit. n. Jonas/Boos/Brandstätter 2007: 12).

2.1.4 Corporate Governance, Compliance und Risikokommunikation

Im Folgenden werden drei zentrale Begriffe aus Organisationen vorgestellt, die in engem Zusammenhang mit Whistleblowing zu betrachten sind (vgl. Kap. 3.2).

Unter Corporate Governance ist der „rechtliche und faktische Ordnungsrahmen für Unternehmensleitung und -überwachung" (Oechsler 2004: 133) zu verstehen. Hiermit sind etwa Regeln zur Mitbestimmung auf Unternehmensebene gemeint, in deren Rahmen Regelungen zum Umgang mit Whistleblowern etabliert werden können.

Compliance meint die „Einhaltung bestimmter Gesetze, Regeln" (Gabler Verlag 2011a: 1), beispielsweise zur Vermeidung von Insiderhandel, Kartellen und Korruption oder hinsichtlich der Befolgung bestimmter Umweltstandards. Der Begriff bezieht sich dabei auch auf die „Einhaltung eigener ethischer Verhaltenskodizes und anderer nicht-gesetzlicher Regelungen." (ebd.). Compliance wird jedoch bisher weitgehend unter juristischen und weniger unter betriebswirtschaftlichen oder ethischen Gesichtspunkten betrachtet (vgl. Donato 2009: 4).

Der Begriff der Risikokommunikation bezieht sich auf „alle Kommunikation, die die Identifikation, die Abschätzung, die Bewertung und das Management von Risiken betrifft." (Wiedemann/Mertens 2005: 42). Besonders wichtig für eine Organisation ist hierbei der kontinuierliche Dialog mit ihren internen und externen Anspruchsgruppen: Anteilseigner, Manager und Mitarbeiter, Kunden, Lieferanten, Gläubiger und Partner sowie Staat und Öffentlichkeit, beispielsweise Betroffene und interessierte Bürger (vgl. ebd.).

3. Wirkungsebenen von Whistleblowing

Whistleblowing betrifft nicht nur das Individuum, also den Hinweisgeber, und die Organisation, deren Mitglied er ist. Vielmehr wirkt sich das Phänomen auf die gesamte Gesellschaft aus. Um die Fragestellung zu beantworten, werden diese drei Ebenen, ihr Zusammenspiel und ihre wechselseitigen Abhängigkeiten anhand eines eigenen Modells betrachtet. Dabei wird auf die im zweiten Kapitel vorgestellten theoretischen Grundlagen und auf weitere Literatur Bezug genommen.

Aus Gründen der Schwerpunktsetzung liegt der Fokus auf der unter 3.2 zu betrachtenden Unternehmensperspektive.

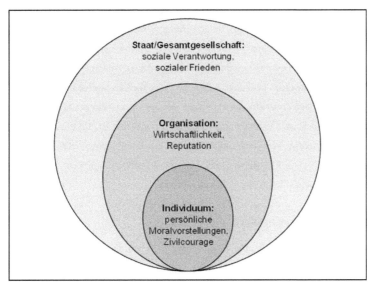

Abb. 1: Die drei Wirkungsebenen von Whistleblowing und mögliche primäre Interessen der Akteure. Eigene Darstellung.

Die übergeordnete Ebene ist die des **Staates** oder der **Gesamtgesellschaft**, die – bezogen auf freiheitlich-demokratische Staatsverfassungen – unter anderem die Aufgabe hat, sozialen Frieden zu sichern und Verantwortung für ihre Bürger zu übernehmen. Gleichzeitig fordert der Staat, als Gesamtheit seiner Bürger, von diesen die Übernahme sozialer und individueller Verantwortung und das Eintreten für übergeordnete humanitäre und demokratische Werte. Dies verdeutlicht den Bezug zur Ebene des zivilcouragiert handelnden Individuums. Basierend auf dem Grundrecht der freien Meinungsäußerung[7] haben die Bürger das Recht, diese Werte zu leben und zu verteidigen. Auf der mittleren Ebene sind **Organisationen** zu sehen, womit hier in erster Linie privatwirtschaftliche Unternehmen gemeint sind. Deren primäres Interesse ist es, wirtschaftlich zu arbeiten und Gewinne zu

---

[7] Verankert nicht nur im deutschen Grundgesetz (Art. 5), sondern auch in der Europäischen Menschenrechtskonvention (Art. 10) sowie in der Allgemeinen Erklärung der Menschenrechte der Vereinten Nationen (Art. 19). Vgl. Grundgesetz 2011: 3; Europäischer Gerichtshof für Menschenrechte 2010: 6f.; Vereinte Nationen 1948: 3.

erzielen und, nicht zuletzt aus diesem Motiv, ihren Ruf zu schützen. Neben einem Beitrag zum Wirtschaftswachstum und zur Sicherung von Arbeitsplätzen fordern Staat und Gesellschaft von Organisationen zunehmend die Übernahme gesellschaftlicher Verantwortung. Dieser Erwartung werden jene in der Praxis jedoch nicht immer gerecht: Unter Umständen kommt es in Unternehmen zu wirtschaftlichen oder sicherheitsbezogenen Missständen oder zu anderem illegalem oder ethisch fragwürdigem Verhalten. Schließlich wird die Perspektive des zivilcouragiert handelnden **Individuums** betrachtet, das als Organisationsmitglied und als Bürger eines Staates in beide anderen Ebenen eingebettet ist. Im positiven Falle sind Hinweisgeber von einem hohen moralischen Empfinden geleitet und haben als Mitwisser von Missständen mit Gewissenskonflikten und nicht zuletzt mit erheblichen persönlichen Nachteilen zu kämpfen.

3.1 Staatliche/gesellschaftliche Perspektive

Wünschenswerte Kriterien für Whistleblowing sind aus der Perspektive des Staates bzw. der Gesamtgesellschaft ein berechtigtes öffentliches Interesse an Missständen in Organisationen (z. B. hinsichtlich der Einhaltung von Sicherheitsgesetzen, der sachgemäßen Verwendung von Steuergeldern oder mit Blick auf den Verbraucherschutz) sowie eine gesellschaftliche Nützlichkeit hinsichtlich der Behebung des Missstandes (vgl. Whistleblower Netzwerk e. V. 2011c: 1). Im Sinne einer aufgeklärten, demokratischen Gesellschaft unterstützen mündige und verantwortungsbewusste Bürger idealerweise die Bekämpfung von Korruption und die Förderung von Sicherheit, wenn es beispielsweise darum geht, die Vertuschung von Sicherheitsmängeln bei Produkten, Anlagen oder Verkehrsmitteln zu verhindern. Es ist davon auszugehen, dass aktive „Bürgerbeteiligung" und erlebte Gerechtigkeit die Akzeptanz gegenüber der Institution „Staat" sowie den sozialen Frieden fördern. So rufen auch Politiker zu gegebenen Anlässen immer wieder zu mehr Zivilcourage auf. Angesichts der ambivalenten Beurteilung des Phänomens Whistleblowing (vgl. Kap. 2.1.2) ist es jedoch nicht per se klar, ob diese Art der Hinweisgebung ethisch generell begrüßenswert ist (vgl. Schwarb 1998: 8). Die Gefahr, dass Hinweisgeber nicht immer aus moralischer Überzeugung, sondern mitunter aus Eigennutz oder anderen unlauteren Motiven[8] handeln, darf nicht verschwiegen werden. Mit Blick auf die Medien – sie sind als vermittelndes, gesellschaftliches Teilsystem[9] im oben vorgeschlagenen Modell der Einfachheit halber auf der gesamtgesellschaftlichen Ebene anzusiedeln – ist grundsätzlich eine gewisse Sensibilität für das Phänomen des Whistleblowing und folglich eine recht zuverlässige Berichterstattung über entsprechende Fälle zu erkennen (vgl. Schwarb 1998: 23). Beispielsweise können investigativer Journalismus und Whistleblowing-Plattformen wie Wikileaks und Openleaks (vgl. Wikileaks 2011: 1f.; Openleaks 2011: 1f.) entscheidend dazu beitragen, öffentlichen Druck auf Organisationen auszuüben.

Auf der Ebene der Organisationen bzw. Unternehmen stellt sich das Bewusstsein für die Bedeutung von Whistleblowing zumeist noch anders dar, wie im folgenden Abschnitt versucht wird zu zeigen.

3.2 Organisationale/unternehmerische Perspektive

In unserer gemeinhin gern als Ära der Globalisierung und Digitalisierung bezeichneten Gegenwart ist die Unternehmenslandschaft durch eine bisher nie dagewesene Dynamik gekennzeichnet: Unternehmen sind zunehmend abhängig von der Entwicklung internationaler Finanz-, Produkt- und Dienstleistungsmärkte. Sie begegnen dieser Herausforderung etwa mit einer Flexibilisierung ihrer Strukturen, mit Dezentralisierung von Verantwortlichkeiten und einer Abflachung der Hierarchien. Diese Dynamiken fordern von Mitarbeitern zunehmend eine gute Ausbildung und eigenverantwortliches Handeln, kritische Urteilsfähigkeit eingeschlossen. Der einzelne Mitarbeiter ist für die Steuerung immer umfangreicherer Prozesse zuständig; auch aus diesem Grund steigt der Bedarf an hoher ethischer Kompetenz des Individuums. Angesichts sich schnell wandelnder Unternehmensstrukturen durch Akquisitionen, Fusionen oder Outsourcing von Firmenteilen und bedingt durch eine erhöhte persönliche berufliche Mobilität sinkt gleichzeitig die Bindung des Mitarbeiters an „sein" Unternehmen. Rasend schnell und ständig

---

[8] Beispielsweise könnte es ein Hinweisgeber auf Anerkennung in den Medien oder auf Entschädigungszahlungen abgesehen haben (vgl. Schwarb 1998: 19).
[9] Verwiesen sei hier auf Niklas Luhmanns Systemtheorie (vgl. z. B. Luhmann 1981: 316).

verfügbare Informationen erhöhen für ein Unternehmen außerdem den Legitimationsdruck gegenüber der Öffentlichkeit[10] (vgl. bis hierhin Schwarb 1998: 14). Die Anspruchsgruppen der Unternehmen akzeptieren heute weniger denn je, dass diese nach dem Try-and-error-Prinzip agieren, sondern erwarten ein ausgefeiltes Risikomanagement (vgl. Hribal 1999: 25).

3.2.1 Spannungsfeld wirtschaftlicher Erfolg und ethische Prinzipien

Wie bereits in Kapitel 2 kurz dargestellt, erfahren Unternehmensethik und Whistleblowing im deutschsprachigen Raum – anders als in den USA – bisher vergleichsweise wenig Beachtung. Bisweilen wird die Verfolgung ethischer Prinzipien zwar nach außen vorgegeben (etwa mittels in Jahresberichten und auf Internetseiten der Unternehmen publizierten Unternehmensleitbildern und -werten) und mitunter auch intern propagiert. Ein Prinzip von oben „anzusagen", heißt aber noch nicht zwangsläufig, es auch (vor) zu leben[11]. Es ist anzunehmen, dass Unternehmensethik und soziale Verantwortung de facto zumeist als Widerspruch zum dominierenden Unternehmensziel des wirtschaftlichen Erfolges gesehen werden. Verschiedene wissenschaftliche Arbeiten (vgl. Schwarb 1998; Donato 2009) vermögen jedoch zu zeigen, dass ökonomische und ethische Ziele sich nicht ausschließen müssen. Im Gegenteil: Unternehmensethik kann sogar zu Kostensenkung beitragen, wenn (internes) Whistleblowing dabei hilft, teure Gerichtsverfahren und Imageverluste zu vermeiden und damit einem Rückgang von Akzeptanz und Nachfrage vorzubeugen vermag (vgl. Schwarb 1998: 10).

3.2.2 Institutionalisierung von Whistleblowing im Unternehmen

Für Schwarb (1998: 8) ist (externes) Whistleblowing Ausdruck ethischen Versagens im Unternehmen, das sowohl in der Organisationsstruktur als auch in der Organisationskultur begründet sein kann. Deshalb erscheint es wichtig, Whistleblowing im Rahmen der Corporate Governance und Compliance fest in der Un-

---

[10] Beispielhaft sei hier auf Aktienmarktdaten, Unternehmensdaten, Markt- und Branchendaten sowie nochmals auf die durch das Internet gesteigerten Informationsmöglichkeiten im investigativen Journalismus sowie auf die Internetplattformen Wikileaks und Openleaks hingewiesen.
[11] So zeigt etwa der Fall des Norwegers Per-Yngve Monsen, dass Theorie und Praxis im Umgang mit Whistleblowing bei Siemens auseinanderklaffen zu scheinen (vgl. Herrmann 2006: 21).

ternehmensorganisation zu verankern. Zudem können Organisationen gut beraten sein, von einer Kultur des Schweigens zu einer Kultur der Verantwortlichkeit zu gelangen (vgl. Rohde-Liebenau 2004: 27), in der „jeder Mitarbeiter ein Risikomanager" (Rohde-Liebenau 2005: 46) ist.

Zum common sense dürfte gehören, dass sich überall, wo unternehmerische Chancen liegen, auch Risiken finden. Eine ausgeprägte Risikokommunikation sollte daher für Organisationen, auch im Rahmen ihrer Corporate Social Responsibility[12], selbstverständlich sein. Im Rahmen des Vorsorgeprinzips, Besorgnisgrundsatzes und der Produkthaftung ist diese Verpflichtung sogar rechtlich verankert (vgl. Wiedemann 2000: 7). Den verantwortungsvollen Dialog mit Investoren, Mitarbeitern und allen anderen Stakeholdern zu suchen, liegt nicht zuletzt im Eigeninteresse des Unternehmens, vermag doch ein innovatives Risikomanagement nicht nur Vermögens- und Imageschäden abzuwenden, sondern auch kommunikative Transparenz, Vertrauen und Glaubwürdigkeit herzustellen und somit nicht zuletzt die Mitarbeiter zu einwandfreiem Verhalten zu motivieren (vgl. Business Keeper AG 2011a: 1).

Etwas konkreter gesagt, wird Unternehmen empfohlen, interne Hinweise zu fördern, um externes Whistleblowing mit all seinen negativen Folgen und Kosten zu verhindern. Wiedemann (2000: III) schlägt vor, Risikokommunikation als Teil des Risikomanagements nicht nur mit Blick auf etwa Versicherungen oder Reparaturmechanismen zu betrachten. Ebenso wichtig sei Whistleblowing als präventives Instrument: Potenzielle Übeltäter sollen durch wirksame Meldesysteme abgeschreckt werden. Ist es dennoch zu einem Missstand gekommen, sei effektives Krisenmanagement gefragt. Wie ist mit einem Hinweis umzugehen? Wie ist der Missstand abzustellen? Wie können die Verantwortlichen zur Rechenschaft gezogen und der Hinweisgeber geschützt werden?

Hribal (1999) unterscheidet verschiedene Phasen der Risikokommunikation: Prävention, Bewältigung, Reparation und Diskussion. Vergleichen wir diese mit den

---

[12] „Corporate Social Responsibility; Abk. CSR stellt einen aus dem Anglo-Amerikanischen kommenden (normativen) Schlüsselbegriff der Unternehmensethik dar, welcher die Frage nach der gesellschaftlichen Verantwortung von Unternehmen aufspannt." (Gabler Verlag 2011b: 1).

beiden von Wiedemann genannten Aspekten der Prävention und des Krisenmana-
gements (bei Hribal: Bewältigung), und ziehen wir die Unterscheidung in internes
und externes Whistleblowing erneut heran, so wird folgendes deutlich: Erfolgrei-
ches internes Whistleblowing aktiviert die beiden Phasen Prävention und Bewäl-
tigung/Krisenmanagement und bietet die Chance, die Phasen der Reparation und
Diskussion gar nicht erst durchlaufen zu müssen. Mit Blick auf das ökonomische
Kosten-Nutzen-Kalkül ein mögliches weiteres Argument dafür, Whistleblowing
ernst zu nehmen und zu institutionalisieren.

Konkret gilt es, externe Hinweise des Whistleblowers, wie etwa an Staatsanwalt-
schaft und Behörden, an klassische Medien und Online-Plattformen wie Wikileaks oder Openleaks oder an andere (Teil-)Öffentlichkeiten zu verhindern (vgl.
Rohde-Liebenau 2004: 26). Denn gleich ob begründet oder nicht, öffentlich ge-
machte Hinweise schaden dem Ansehen des Unternehmens und können weitere
negative Folgen nach sich ziehen (vgl. Kap. 3.2.1). Im Rahmen der Corporate
Governance und Compliance sind gewisse interne Kontrollstellen bereits selbstverständlich: Revisionsabteilungen, Sicherheits-, Umweltschutz- oder Datenbe-
auftragte, Mitbestimmungsorgane, Controlling- und Qualitätssicherungsabtei-
lungen, Compliance Officer (vgl. Clausen 2009: 120f.) oder auch ein betriebliches
Vorschlagswesen, das bereits den einzelnen Mitarbeiter einbindet[13]. Um jedoch
wirtschaftsethische Prinzipien wirkungsvoll zu institutionalisieren und potenziellen Whistleblowern die Möglichkeit zu bieten, ihre Hinweise vertrauensvoll zu
adressieren, werden weitere Einrichtungen vorgeschlagen: Ethikbeauftragte, Om-
budspersonen oder Telefonhotlines könnten die Hinweise vertraulich entgegen-
nehmen und dem Whistleblower als Gesprächspartner dienen (vgl. ebd.). Hierbei
ist es wichtig, Melderegeln zu etablieren, damit der Hinweisgeber weiß, an wen er
sich mit welcher Information wenden kann/darf. Unterstützung bei Konzeptio-
nierung und Implementierung von Whistleblowing-Systemen können Unternehmen beispielsweise bei Handelskammern, Verbänden oder Beratungsunternehmen
finden (vgl. Faust 2009: 7).

---

[13] Betriebliches Vorschlagswesen: „System der organisatorischen Behandlung und Belohnung von
technischen und nichttechnischen (z. B. kaufmännischen) Verbesserungen aus dem Kreis der Ar-
beitnehmer mit dem Ziel, die Leistungen des Betriebs ständig zu verbessern." (Gabler Verlag
2011c: 1).

Eine vergleichsweise junge Lösung sind elektronische Hinweisgebersysteme für anonyme Meldungen. So hat etwa die Firma Business Keeper AG auf dem Grundsatz, dass „sich ökonomischer Gewinn langfristig nur auf Basis werteorientierter Wirtschaft realisieren lässt" (vgl. Business Keeper AG 2011b: 1) im Jahr 2001 ein Hinweisgebersystem entwickelt, das inzwischen in mehreren Branchen eingesetzt wird[14]. Eine solche Möglichkeit zum anonymen Whistleblowing mag potenzielle Hinweisgeber ermutigen und somit internes Whistleblowing fördern, kann aber möglicherweise auch dem Denunzieren Unschuldiger Vorschub leisten und so Betroffenen und dem Unternehmen schaden. So äußert die Stiftung Pro Justitia erhebliche rechtliche Bedenken gegen das Business Keeper Monitoring System (BKMS) bzw. gegen dessen Einsatz im Rahmen von Ermittlungsaktivitäten im Landeskriminalamt Niedersachsen[15]. Im gleichen Spannungsfeld stellt sich die Frage, wer den Kontrolleur kontrolliert (vgl. Schneider 2011: 11). Sind Lösungen denkbar, die potenziellen Missbrauch durch die Überwacher verhindern können? Hierfür müssen Organisationen Mechanismen der „Gewaltenteilung" entwickeln.

Wiedemann (2000: 69-72) weist darauf hin, dass Risikokommunikation bestimmte Organisationsformen erfordert[16] und eng mit bestehenden Kommunikationsformen verknüpft werden sollte. Nur so können mikropolitisch bedingte Hindernisse wie „Machtspielchen" innerhalb der Organisation überwunden werden. Weiterhin hat sich Donato (2009) damit beschäftigt, wie Whistleblowing-Systeme als Signalling- und Monitoring-Maßnahmen (vgl. ebd.: 137-178 und 179-218) implementiert werden können, um Informationsasymmetrien zwischen Eigentümern und Management abzubauen und Vertrauen zu fördern. Sie gibt dazu vier Handlungsempfehlungen: Whistleblowing sollte, wie auch schon weiter oben ausgeführt, in der Corporate Governance verankert und als Teil der Unternehmensethik

---

[14] Kunden der Business Keeper AG sind beispielsweise: Bertelsmann, Commerzbank, Telekom, Fraport, AOK oder das Landeskriminalamt Niedersachsen (vgl. Business Keeper AG 2011c: 1).
[15] Im Auftrag von Pro Justitia führte die Universität Bielefeld 2007 eine Studie durch, die den Einsatz des BKMS beim Landeskriminalamt Niedersachsen untersuchte (vgl. Stiftung Pro Justitia 2007a: 1f.; 2007b: 1f.).
[16] Wiedemann schlägt vier Modelle vor: Risikokommunikation als Zusatzfunktion eines Sicherheits- oder Umweltbeauftragten, als explizite Stabsfunktion, als Bestandteil einer integrierten Unternehmenskommunikation oder institutionalisiert in einer Holding.

verstanden, außerdem als Prozess begriffen und entsprechend gestaltet werden (vgl. Donato 2009: 138-218).

3.3 Individuelle Perspektive

Daniel Ellsberg, Brigitte Heinisch und Per-Yngve Monsen wussten von Missständen in ihren Organisationen und konnten ihre Mitwisserschaft nicht länger mit ihrem Gewissen vereinbaren. Die Optionen Exit, Loyalty oder Neglect kamen für sie wegen ihrer hohen Moralvorstellungen und ihrer ausgeprägten Zivilcourage nicht in Frage, weshalb sich diese Menschen für Voice entschieden[17].

3.3.1 Eigenschaften und Motive von Whistleblowern

Der Konflikt zwischen empfundener und oft auch im Arbeitsvertrag geforderter Loyalität gegenüber dem Arbeitgeber einerseits und persönlichen Werten andererseits kennzeichnet den Entscheidungsprozess, den ein Whistleblower in der Regel durchläuft (vgl. Kap. 2.1.3). Dabei muss er sich von Verhaltenserwartungen und Gruppendruck seitens Vorgesetzter und Kollegen und nicht selten von der gesamten Organisationskultur emanzipieren (vgl. Schwarb 1998: 11). Die damit verbundene Entscheidung für Eigenverantwortung und gegen Anpassung setzt eine starke Persönlichkeit voraus (vgl. ebd.). So sind Whistleblower neben einer hohen moralischen Handlungsmotivation meist auch von einem starken sozialen Verantwortungsgefühl und einer ausgeprägten Intoleranz gegenüber Unbestimmtheit charakterisiert. Weitere häufige, jobspezifische und demografische Eigenschaften sind: langjährige Unternehmenszugehörigkeit, hohe Bildung, hohes Gehalt, eine hochrangige Position, überdurchschnittliche Leistungen und eine ausgeprägte Loyalität gegenüber dem Arbeitgeber (vgl. Donato 2009: 19f.; Rohde-Liebenau 2004: 26). Gerade wegen dieser hohen Bindung an das Unternehmen entscheiden

---

[17] Dafür wurden sie später ausgezeichnet: Daniel Ellsberg 2003 und Brigitte Heinisch 2007 mit dem eingangs erwähnten Whistleblower-Preis (vgl. Whistleblower Netzwerk e. V. 2011a: 1f.). Per-Yngve Monsen erhielt 2007 und 2008 zwei norwegische Preise: Den Zola-Preis, weil er „offen und angstlos Zustände aufgedeckt oder diesen entgegengearbeitet hat, die die Menschlichkeit, Demokratie und Rechtssicherheit in Norwegen bedrohen" (eig. Übers. n. Zola-Prisen 2011a: 1; vgl. auch Zola-Prisen 2011b: 1) sowie den Fritt-Ord-Preis wegen seiner Verdienste um die Meinungsfreiheit – Fritt Ord heißt übersetzt „freies Wort" (vgl. Fritt Ord 2011: 1f.).

sich solche Mitarbeiter für Whistleblowing, denn sie möchten ihre Organisation vor langfristigem Schaden bewahren.

4. Chancen für Organisationen

Aus diesem Grund erscheint es oftmals besonders ungerechtfertigt, pauschal nach dem Prinzip „shoot the messenger" vorzugehen, also Hinweisgeber, die von ehrenhaften Motiven geleitet sind, als illoyale Denunzianten zu beschimpfen und mit Sanktionen zu belegen, die ihnen nachhaltig persönlich schaden[18]. Nicht selten führen solche Repressalien bei Whistleblowern zur inneren Kündigung oder Arbeitsunfähigkeit – der wertvolle Mitarbeiter ist für die Organisation verloren. Um beiden Seiten solche negativen Folgen zu ersparen, sollte vielmehr die Chance gesehen werden, die in der hohen Loyalität langjähriger, zuverlässiger und integrer Mitarbeiter liegt: Informationen von (internen) Whistleblowern erhält die Unternehmensleitung kostenlos (vgl. Rohde-Liebenau 2004: 27). Die Arbeitsmotivation des Organisationsmitglieds und seine Bindung an das Unternehmen dürften bei Anerkennung seiner besonderen Leistung für das Unternehmen weiter steigen. Wertschätzung gegenüber der Individualethik des Mitarbeiters liegt also nicht nur im ethischen, sondern auch im ökonomischen Interesse der Organisation, wenn sie erkennt, dass verantwortungsvolle Hinweise von ihrer „menschlichen Ressource" dem Unternehmen nicht zwangsläufig schaden, sondern langfristig zu einer Steigerung der Effizienz beitragen können.

5. Fazit und Ausblick

Institutionalisierung von Whistleblowing als Frühwarnsystem, das den Gegensatz zwischen Ethik und Wirtschaft zu überwinden vermag? Im Rahmen einer Nutzung des gesamten Potenzials seiner Mitarbeiter ist es am Unternehmen, nicht deren bedingungslose Loyalität, sondern vielmehr eine ausgeprägte Verantwortlichkeit einzufordern. In diesem Zusammenhang wurden Möglichkeiten vorgestellt, wie sich Whistleblowing als Teil des unternehmerischen Risikomanage-

---

[18] Auf äußerst „gängige" Repressalien wie z. B. Mobbing, soziale Isolation, Degradierung, Kündigung, die dem Whistleblower psychisch und materiell hohen und mitunter langfristigen Schaden zufügen, wurde bereits in Kap. 2.1.2 hingewiesen.

ments und im Einklang mit einer verantwortungsbewussten, offenen Organisationskultur institutionalisieren lässt. Werden entsprechende Kommunikationswege geschaffen und Hinweisgeber konstruktiv in die Organisation eingebunden, dann kann Whistleblowing vom Unternehmen effizient genutzt werden. Nicht länger als Fluch, sondern als Segen begriffen, kann es bei der Kostensenkung helfen, da es nachhaltiges Wirtschaften fördert. Sich damit weg vom kurzfristigen Erfolgsdruck hin zu einer langfristigen, verantwortungsvollen Unternehmensführung zu orientieren, kann nicht nur zur Standort- und Arbeitsplatzsicherung beitragen, sondern vermag dem Unternehmen, etwa durch eine Steigerung seines Images, weitere Vorteile zu eröffnen. Gute Prüf- und Gegenprüfmechanismen sowie ein hoher Datenschutz[19] von Whistleblowing-Systemen sollten dabei selbstverständlich sein, um einerseits Denunziationen unschuldiger Unternehmen und Einzelpersonen zu verhindern und andererseits ehrliche Hinweisgeber zu schützen.

Auf staatlicher und individueller Ebene könnten künftig umfassendere Whistleblower-Schutzgesetze die Unternehmen stärker in die Pflicht nehmen. Dies könnte Abhilfe sowohl gegen harte Sanktionen und persönliche Schädigungen als auch gegen allzu hohe Beweislastansprüche an Hinweisgeber schaffen. Orientierung mag hier das US-amerikanische SOX-Gesetz[20] bieten, außerdem könnte eine auf ihrem Gipfeltreffen in Seoul im November 2010 beschlossene Vorgabe der G20-Staaten bis 2012 entsprechende Gesetzesänderungen bzw. -novellen in Deutschland herbeiführen (vgl. Whistleblower Netzwerk e. V. 2011e: 1). Staatliche und private Beratungsangebote könnten Whistleblower vor, während und nach ihrer Offenbarung unterstützen. Indem Initiativen wie der Whistleblower Netzwerk e. V. unterstützt werden, der etwa einen Whistleblower-Preis vergibt und einen Bundesbeauftragten für Whistleblowing vorschlägt (vgl. Whistleblower Netzwerk e. V. 2011f: 1), könnten die Zivilcourage der Whistleblower stärker anerkannt und

---

[19] Ein Negativbeispiel ist der aktuelle Skandal um mangelnden Informantenschutz bei Wikileaks (vgl. z. B. Rüb/Tomik 2011: 10).
[20] Der US-amerikanische Whistleblower-Schutz wurde im Sarbanes Oxley Act (SOX) von 2002 rechtlich verankert; eine Reaktion auf den Bilanzskandal des Energiekonzerns Enron im Jahr 2001. In Deutschland finden sich Vorschriften zur Risikokommunikation – jedoch ohne expliziten Whistleblowerschutz – im KonTraG (Gesetz zur Kontrolle und Transparenz im Unternehmensbereich) von 1998, im TransPuG (Gesetz über Transparenz und Publizität im Unternehmen) von 2002, im BilEG (Gesetz zur Änderung des Bilanzrechts) und im BilKoG (Gesetz zur Kontrolle von Unternehmensabschlüssen), beide von 2005 (vgl. Rohde-Liebenau 2005: 45f.).

„Nachahmungstäter" ermutigt werden. Vorbild mögen auch hier die USA sein: Das renommierte TIME Magazine ernannte 2002 drei Whistleblowerinnen zu „Persons of the Year"[21] und würdigte damit äußerst öffentlichkeitswirksam deren uneigennützigen Einsatz für Gerechtigkeit und zivilgesellschaftliche Werte, wovon nicht zuletzt die gesamte amerikanische Gesellschaft profitiert haben dürfte. Ein Appell an die Medien hierzulande wäre zudem, ihre Berichterstattung über Whistleblowing-Fälle – im Sinne ihrer Funktion der Herstellung von Öffentlichkeit und Aufrechterhaltung der Gesellschaft – kontinuierlich und differenziert fortzusetzen: Whistleblower sollten dabei nicht als Denunzianten dargestellt, aber ebenso wenig einseitig glorifiziert werden. Denn wie ließ schon Brecht Galilei sagen: „Unglücklich das Land, das Helden nötig hat." (Brecht 1963: 114, zit. n. Maier/Martin/Tillack 2007: 206). Schließlich könnte die Wissenschaft einen bedeutenden Beitrag leisten: mit einer intensivierten, interdisziplinären Forschung zwischen Wirtschaftswissenschaft, Jura, Philosophie, Politikwissenschaft, Soziologie, Psychologie und nicht zuletzt Kommunikationswissenschaft.

Die eingangs formulierte Fragestellung lässt sich abschließend wie folgt beantworten: Ja, von Whistleblowing können langfristig alle Beteiligten profitieren, denn ihre unterschiedlichen Interessen und Ziele sind bei näherer Betrachtung durchaus auf einen gemeinsamen Nenner zu bringen. Dabei bedarf es eines verantwortungsvollen und qualifizierten Umgangs mit der Person des Whistleblowers wie auch mit seinen Hinweisen. Per-Yngve Monsen (zit. n. Herrmann 2006: 21) bringt es auf den Punkt: "Die Arbeitgeber müssen begreifen, dass Leute wie ich eigentlich ein Gewinn für das Unternehmen sind." Im offenen Dialog zwischen Gesellschaft, Organisationen und Individuen liegt daher die Chance, nutzenstiftend und nachhaltig an einem gemeinsamen Strang zu ziehen.

---

[21] Sherron Watkins (Enron), Coleen Rowley (FBI) und Cynthia Cooper (WorldCom) wurden 2002 von TIME für ihre Verdienste als Whistleblower geehrt (vgl. Lacayo/Ripley 2002: o. S.).

Literaturverzeichnis

Brandstätter, Veronika (2010): Nicht bloß für Helden. In: Gehirn & Geist, H. 9/2010, S. 46-51.

Brecht, Bertolt (1963): Leben des Galilei. Berlin: Suhrkamp.

Business Keeper AG (2011a): Das BKMS® System. In: http://www.business-keeper.com/nutzen.html (08.09.2011).

Business Keeper AG (2011b): Das Unternehmen. In: http://www.business-keeper.com/wir-ueber-uns.html (08.09.2011).

Business Keeper AG (2011c): Erfahrungen und Referenzen. In http://www.business-keeper.com/die-erfahrungen.html (08.09.2011).

Clausen, Andrea (2009): Unternehmensethik: ein Arbeitsbuch. Stuttgart: UTB Verlag.

Collins English Dictionary (1991): Standard Edition, 3rd edition. Glasgow: Harper Collins Publishers.

Donato, Jessica (2009): Whistleblowing: Handlungsempfehlungen für eine nutzenstiftende Umsetzung in deutschen börsennotierten Unternehmen. Frankfurt/M.: Peter Lang.

Dozier, Janelle B./Miceli, Marcia P. (1985): Potential Predictors of Whistle-Blowing: A Prosocial Behavior Perspective. In: Academy of Management Review 10. Jg., H. 4, S. 823-836.

Europäischer Gerichtshof für Menschenrechte (2010): Europäische Konvention zum Schutz der Menschenrechte und Grundfreiheiten. In: http://www.echr.coe.int/NR/rdonlyres/F45A65CD-38BE-4FF7-8284-EE6C2BE36FB7/0/GER_CONV.pdf (08.09.2011).

Faust, Thomas (2009): Whistleblowing – Verrat oder verantwortliches Handeln? Chancen und Risiken der Indiviualethik im Beruf. In: Retzmann, Thomas/Grammes, Tilman: ethos. Wirtschafts- und Unternehmensethik in der ökonomischen und politischen Bildung. In: http://www.ethoswirtschaft.de/downloads/pdf/_Baustein_Whistleblowing.pdf (08.09.2011).

Rüb, Matthias/Tomik, Stefan (2011): Es leckt beim Lecksperten. In: Frankfurter Allgemeine Sonntagszeitung Nr. 35D vom 04.09.2011, S. 10.

Fritt Ord (2011): Fritt Ords Pris. In: http://www.frittord.no/no/priser/category/fritt_ords_pris/ (08.09.2011).

Gabler Verlag (Hrsg.) (2011a): Wirtschaftslexikon: Stichwort Compliance. In: http://wirtschaftslexikon.gabler.de/Archiv/748/compliance-v9.html (08.09.2011). Wiesbaden: Gabler.

Gabler Verlag (Hrsg.) (2011b): Wirtschaftslexikon: Stichwort Corporate Social Responsibility. In: http://wirtschaftslexikon.gabler.de/Definition/corporate-social-responsibility.html (08.09.2011). Wiesbaden: Gabler.

Gabler Verlag (Hrsg.) (2011c): Wirtschaftslexikon: Stichwort betriebliches Vor-schlagswesen. In: http://wirtschaftslexikon.gabler.de/Definition/betriebliches-vorschlagswesen.html (08.09.2011). Wiesbaden: Gabler.

Grundgesetz (2011): GG: Menschenrechtskonvention, Europäischer Gerichtshof, Bundesverfassungsgerichtsgesetz, Parteiengesetz, Untersuchungsausschussgesetz, EUV, AEUV, EU-GR-Charta. 43. Aufl. München: Beck.

Herrmann, Gunnar (2006): „Wir haben einen Maulwurf". Per-Yngve Monsen warnte vor einem Betrugsskandal und wurde gefeuert. In: Süddeutsche Zeitung Nr. 276 vom 30.11.2006, S. 21.

Hirschman, Albert O. (1970): Exit, Voice and Loyalty. Responses to Decline in Firms, Organizations and States. Cambridge Mass: Harvard University Press.

Hribal, Lucie. (1999): Public Relations-Kultur und Risikokommunikation: Organisationskommunikation als Schadensbegrenzung. Konstanz: UVK-Medien.

Jonas, Kai J./Boos, Margarete/Brandstätter, Veronika (2007): Zivilcourage trainieren!. In: Jonas, Kai J./Boos, Margarete/Brandstätter, Veronika (Hrsg.): Zivilcourage trainieren! Göttingen: Hogrefe, S. 7-19.

Lacayo, Richard/Ripley, Amanda (2002): Persons of The Year 2002. The Whistleblowers. In: TIME Magazine 160. Jg., H. 27, o. S.

Latané, Bibb/Darley, John. M. (1970): The unresponsive bystander: Why doesn't he help? Englewood Cliffs, NJ: Prentice-Hall.

Luhmann, Niklas (1981): Veränderungen im System gesellschaftlicher Kommunikation und die Massenmedien. In: Luhmann, N.: Soziologische Aufklärung 3. Soziales System, Gesellschaft, Organisation. Opladen: Westdeutscher Verlag, S. 309-320.

Maier, Winfried/Martin, Hans-Peter/Tillack, Hans-Martin (2007): Podiumsdiskussion: „Mehr Zivilcourage durch verbesserten Schutz von Whistleblowern?". In: Arnim, Hans Herbert von (Hrsg.) (2007): Korruption und Korruptionsbekämpfung. Beiträge auf der 8. Speyerer Demokratietagung vom 27. und 28. Oktober 2005 an der Deutschen Hochschule für Verwaltungswissenschaften Speyer (= Schriftenreihe der Hochschule Speyer; 185). Berlin: Duncker & Humblot.

Miceli, Marcia P./Near, Janet. P./Schwenk, Charles. R. (1991): Who blows the whistle and why? In: Industrial and Labor Relations Review 45. Jg., H. 1, S. 113-130.

Near, Janet P./Dworkin, Terry M./Miceli, Marcia P. (1993): Explaining the Whistle-Blowing Process: Suggestions from Power Theory and Justice Theory. In: Organization Science 4. Jg., H. 3, S. 393-411.

Nunner-Winkler, Gertrud (2007): Zum Begriff Zivilcourage. In: Jonas, Kai J./Boos, Margarete/Brandstätter, Veronika (Hrsg.): Zivilcourage trainieren! Göttingen: Hogrefe, S. 21-31.

Oechsler, Walter A. (2004): Unternehmensmitbestimmung. In: Kieser, Alfred: Unternehmenspolitik. Stuttgart: Schäffer-Poeschel, S. 127-173.

Openleaks (2011): About. In: http://openleaks.org/content/about.shtml (08.09.2011).

Rauhofer, Judith (2007): Blowing the Whistle on Sarbanes-Oxley: Anonymous Hotlines and the Historical Stigma of Denunciation in Modern Germany. In: International Review of Law, Computers & Technology 21. Jg., H. 3, S. 363-376.

Rohde-Liebenau, Björn. (2004): Interne Risikokommunikation: Verantwortlich wirtschaften heißt offen kommunizieren. In: Unternehmen und Umwelt, H. 2/04, S. 26-27.

Rohde-Liebenau, Björn. (2005): Whistleblowing – Beitrag der Mitarbeiter zur Risikokommunikation (= Edition der Hans-Böckler-Stiftung; 159). Düsseldorf: Hans-Böckler-Stiftung.

Schneider, Manfred (2011): Wer was zu verlieren hat. In: Der Freitag Nr. 5 vom 03.02.2011, S. 11.

Schwarb, Thomas M. (1998): „Ich verpfeife meine Firma..." Einführung in das Phänomen Whistle-Blowing (= Publikationsreihe A; 98-01). Solothurn: Fachhochschule Solothurn Nordwestschweiz, Hochschule für Wirtschaft.

Schwartz, Shalom H./Howard, Judith A. (1981): A normative decision making model of altruism. In: Rushton, J. Philippe/Sorrentino, Richard M. (Hrsg.): Altruism and helping behaviour. Hillsdale, NJ: Erlbaum, S. 189-211.

Stiftung Pro Justitia (2007a): Studien zum Business Keeper Monitoring System. Geleitwort von Rechtsanwalt Alexander Keller, Vorstandsvorsitzendem der Stiftung ProJustitia. In: http://www.stiftung-projustitia.de/media/projustitia_einleitungstext.pdf (08.09.11).

Stiftung Pro Justitia (2007b): Studien zum Business Keeper Monitoring System. Pro Justitia: BKMS sofort einstellen! In: http://www.stiftung-projustitia.de/media/projustitia_studien_bkms.pdf (08.09.2011.

Trainernetzwerk Zivilcourage e. V. (2008): Training/Hintergrund. In: http://www.zivilcouragetrainer.de/training.html (08.09.2011).

Universität Bielefeld/Fakultät für Rechtswissenschaft (2011): Prof. Dr. Ralf Kölbel. Projekte. In: http://www.jura.uni-bielefeld.de/lehrstuehle/koelbel/projekte (08.09.2011).

Vereinte Nationen (1948): Allgemeine Erklärung der Menschenrechte. In. http://www.un.org/depts/german/grunddok/ar217a3.html (08.09.2011).

Whistleblower Netzwerk e. V. (2008): Brigitte Heinisch – Altenpflege muss menschlich sein! In: http://www.whistleblower-net.de/content/view/97/82/lang,de/ (08.09.2011).

Whistleblower Netzwerk e. V. (2011a): Whistleblowerpreis. In: http://www.whistleblower-net.de/index2.php?option=com_content&do_pdf=1&id=174 (08.09.2011).

Whistleblower Netzwerk e. V. (2011b): Urteil des EGMR: Whistleblowing von Meinungsfreiheit geschützt. In: http://www.whistleblower-net.de/index2.php?option=com_content&do_pdf=1&id=242 (08.09.2011).

Whistleblower Netzwerk e. V. (2011c): Definitionen. In: http://www.whistleblower-net.de/index2.php?option=com_content&do_pdf=1&id=170 (08.09.2011).

Whistleblower Netzwerk e. V. (2011d): Unterscheidung nach der Bekanntheit des Absenders. In: http://www.whistleblower-net.de/index2.php?option=com_content&do_pdf=1&id=172 (08.09.2011).

Whistleblower Netzwerk e. V. (2011e): G20 beschließt gesetzlichen Whistleblowerschutz bis 2012. In: http://www.whistleblower-net.de/index2.php?option=com_content&do_pdf=1&id=223 (08.09.2011).

Whistleblower Netzwerk e. V. (2011f): Gesetzentwurf zum Schutz öffentlicher Interessen durch Whistleblowing vorgestellt. In: http://www.whistleblower-net.de/index2.php?option=com_content&do_pdf=1&id=229 (08.09.2011).

Whistleblowers.dk (2005): Daniel Ellsberg. In: http://whistleblowers.dk/live/uk_ellsberg.php (08.09.2011).

Wiedemann, Peter M. (Hrsg.) (2000): Risikokommunikation für Unternehmen. Düsseldorf: Verein Deutscher Ingenieure.

Wiedemann, Peter M./Mertens, Johannes (2005): Sozialpsychologische Risikoforschung. In: Technikfolgenabschätzung – Theorie und Praxis 14. Jg., H. 3, S. 38-45.

Wikileaks (2011): About. In: http://wikileaks.org/About.html (08.09.2011).

Withey, Michael J./Cooper, William H. (1989): Predicting Exit, Voice, Loyalty, and Neglect. In: Administrative Science Quarterly 34. Jg., H. 4, S. 521-539.

Zapf, Dieter (2007): Mobbing und Whistleblowing in Organisationen. In: Jonas, Kai J./Boos, Margarete/Brandstätter, Veronika (Hrsg.): Zivilcourage trainieren! Göttingen: Hogrefe, S. 59-81.

Zola-Prisen (2011a): Forsiden. In: http://www.zola-prisen.no (08.09.2011).

Zola-Prisen (2011b): Prisvinnere. In: http://www.zola-prisen.no/default_vinnere.htm (08.09.2011).

Anhang

Anhang A: Grafische Darstellung der Parallelen im Handlungs-/Entscheidungsprozess von Zivilcourage und Whistleblowing (zu Kap. 2.1.3)

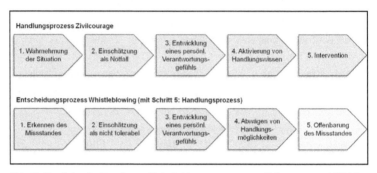

Abb. 2: Parallelen im Handlungs-/Entscheidungsprozess von Zivilcourage und Whistleblowing. Eigene Darstellung nach Latané/Darley 1970; Schwartz/Howard 1981; Brandstätter 2010: 48 (Zivilcourage-Modell) und nach Miceli/Near/Schwenk 1991: 115; Zapf 2007: 73 (Whistleblowing-Modell). Hinzufügung von Schritt 5 im Whistleblowing-Modell durch die Autorin.

Zur Erweiterung des Entscheidungsmodells von Whistleblowing zu einem Handlungsmodell kennt die Literatur weitere, differenziertere Modelle, z. B. in Form von Flussdiagrammen, die verschiedene Handlungsoptionen (Ja/Nein) und deren Konsequenzen berücksichtigen. Hier werden zusätzlich Stufen wie etwa „Hält das Organisationsmitglied die ausgewählte Handlungsalternative für die beste?" oder „Hält das Organisationsmitglied den Nutzen der gewählten Handlungsalternative für höher als die Kosten?" unterschieden. Als letzte, siebte Stufe ist hier außerdem eine Nachbetrachtung vorgesehen („Ist das Organisationsmitglied mit dem Resultat zufrieden?"). Vgl. Dozier/Miceli 1985; Schwarb 1998: 15ff.

BEI GRIN MACHT SICH IHR WISSEN BEZAHLT

- Wir veröffentlichen Ihre Hausarbeit,
  Bachelor- und Masterarbeit

- Ihr eigenes eBook und Buch -
  weltweit in allen wichtigen Shops

- Verdienen Sie an jedem Verkauf

Jetzt bei www.GRIN.com hochladen
und kostenlos publizieren

Lightning Source UK Ltd.
Milton Keynes UK
UKHW041331181218
334208UK00001B/190/P

9 783656 510796